KREATIVES AUSMALEN

TATTOOS

Vorwort: Dominic Utton
Layout: Lexi L'Esteve
Produktion: Joe Xavier

Parragon Books Ltd
Chartist House
15–17 Trim Street
Bath, BA1 1HA UK
www.parragon.com

Realisation der deutschen Ausgabe:
trans texas publishing services GmbH, Köln
Übersetzung: Wiebke Krabbe, Damlos
Satz: lesezeichen Verlagsdienste, Köln

ISBN 978-1-4748-0927-6
Printed in China

Kreatives Ausmalen

TATTOOS

INSPIRATION & ENTSPANNUNG IM ALLTAG

Parragon

Bath • New York • Cologne • Melbourne • Delhi
Hong Kong • Shenzhen • Singapore • Amsterdam

Unsere Zeit ist von Hektik geprägt. Manchmal scheint es, als müssten wir gegen die Uhr leben, um alle täglichen Pflichten zu erfüllen. Und wenn wir einmal freie Zeit haben, verbringen wir sie selten auf ruhige, kreative Art und Weise.

Dabei ist es so wichtig, dass wir uns regelmäßig Zeit für uns selbst nehmen. Am meisten profitieren wir von einer Beschäftigung, die entspannend wirkt und gleichzeitig die rechte Gehirnhälfte anspricht – denn sie ist zuständig für Kreativität, Intuition und Vorstellungskraft. Das einfache Vergnügen, etwas auszumalen, ist dafür bestens geeignet, und nebenbei entsteht noch etwas Schönes.

Sie brauchen keine besonderen Fähigkeiten oder Werkzeuge. Suchen Sie sich einfach eine Seite aus, die Ihnen gefällt, und erwecken Sie sie mit Farbe zum Leben. Die Aufmerksamkeit, die dafür nötig ist, verscheucht schnell andere Gedanken, reduziert Stress und hilft Ihnen, ganz zu sich zu finden. Außerdem macht die Beschäftigung viel Spaß. So wie jeder einen Roman in sich trägt, haben wir alle auch einen Künstler in uns, der sich Ausdruck verschaffen möchte. Auch wenn Kunst in Ihrem Leben keine aktive Rolle spielt, werden Sie staunen, wie leicht Ihnen etwas gelingt, auf das Sie stolz sein können. Sie werden spüren, wie Ihre Kreativität aufblüht. Ihr Geschick wird sich verfeinern, je mehr Seiten Sie ausmalen und je mehr verschiedene Werkzeuge und Techniken Sie ausprobieren.

In diesem Buch finden Sie eine Vielfalt an Tattoos unterschiedlichen Stils, von traditionell bis modern, von romantisch bis aufwühlend – entscheiden Sie selbst, welche Farben sie einzigartig machen. Entwerfen Sie mehrfarbige Rosen oder lebendig wirkende Totenschädel und geben Sie ihnen mit Namen oder Schlüsselwörtern einen individuellen Touch.

Das Ausmalen erfordert eine Konzentration, die meditativ und beruhigend wirkt. Aber es gibt auch gute Gründe, die Kreativität regelmäßig zum Zuge kommen zu lassen: Zahllose psychologische Studien belegen, dass kreative Tätigkeiten Stress reduzieren, das Risiko von Depressionen verringern, das Selbstbewusstsein stärken und zu einer optimistischen Lebenseinstellung verhelfen.

Viele Leute scheuen ein künstlerisches Hobby, weil es vermeintlich so viel Zeit kostet. Ausmalbücher sind daher für den modernen Alltag wie geschaffen. Ein Aquarellmaler muss vielleicht tagelang mit seiner Staffelei in die Natur hinausgehen, ein Bildhauer muss wochenlang an einem Werk arbeiten. Dieses Buch können Sie immer bei sich tragen und zur Hand nehmen, wenn es sich anbietet. Ob fünf Minuten oder fünf Stunden – Sie können jeden freien Moment nutzen.

Kennen Sie eine Beschäftigung, die kreativ ist, das geistige Wohlbefinden fördert, Stress lindert, dem künstlerischen Talent ein Ventil verschafft, die Hand-Augen-Koordination und die Konzentration fördert – und der Sie jederzeit und überall nachgehen können? All das bietet Ihnen dieses Buch, und mit jeder neuen Seite, die Sie in Angriff nehmen, können Sie nur gewinnen.

Zum Schluss ein Wort zu Material und Techniken. Das Tolle am Ausmalen ist, dass Sie kein Geld für spezielle Materialien oder eine kostspielige Ausrüstung ausgeben müssen. Verschiedene Techniken können Sie jederzeit ausprobieren oder wieder verwerfen. Da es keine Regeln gibt, kann nichts, was Sie tun, falsch sein.

Natürlich kann es spannend sein, sich ab und zu ein neues, interessantes Werkzeug zu gönnen. Wenn Sie also Lust auf einen Ausflug ins nächste Geschäft für Künstlerbedarf haben, sind die folgenden Anschaffungen auf jeden Fall ein Gewinn:

Bleistifte – in verschiedenen Härtegraden. HB ist das mittlere Maß. Für feine, blassere Striche und Schraffuren eignet sich H oder sogar 2H. Für dicke Striche, die sich verwischen lassen, sind die Härten 2B oder 3B empfehlenswert.

Farbstifte – ein Sortiment von hochwertigen Stiften in den gängigen Farben kostet kein Vermögen.

Anspitzer und Radiergummi – für sauberes Arbeiten. Ein Knetradiergummi ist ideal, um Striche zu entfernen, ohne sie zu verschmieren.

Wachskreiden, Filzstifte, Mangastifte, Leuchtmarker, Tubenfarben, was immer Sie mögen – warum nicht? Wenn Sie meinen, dass es funktioniert, probieren Sie es.

Auch bei den Techniken gibt es keine Regeln. Manche Menschen malen Farbflächen gern deckend aus, andere verwenden lieber Farbstifte für Schraffuren (das sind Raster mit unterschiedlichen Abständen und Strichstärken, mit denen Volumen und Schatten angedeutet werden können). Wieder andere füllen Flächen mit selbst gestalteten Mustern oder malen die Ecken jedes Musterfelds mit Filzstift und die Flächen mit Farbstiften aus.
Tun Sie, was Ihnen gefällt.

Es sind Ihre Muster, und nur Sie entscheiden, wie sie gestaltet werden sollen. Dabei ist die Arbeit selbst mindestens ebenso wichtig wie das Ergebnis.

Also entspannen Sie sich, setzen Sie auf Ihr künstlerisches Talent und genießen Sie die unglaublich beruhigende Wirkung des Ausmalens.

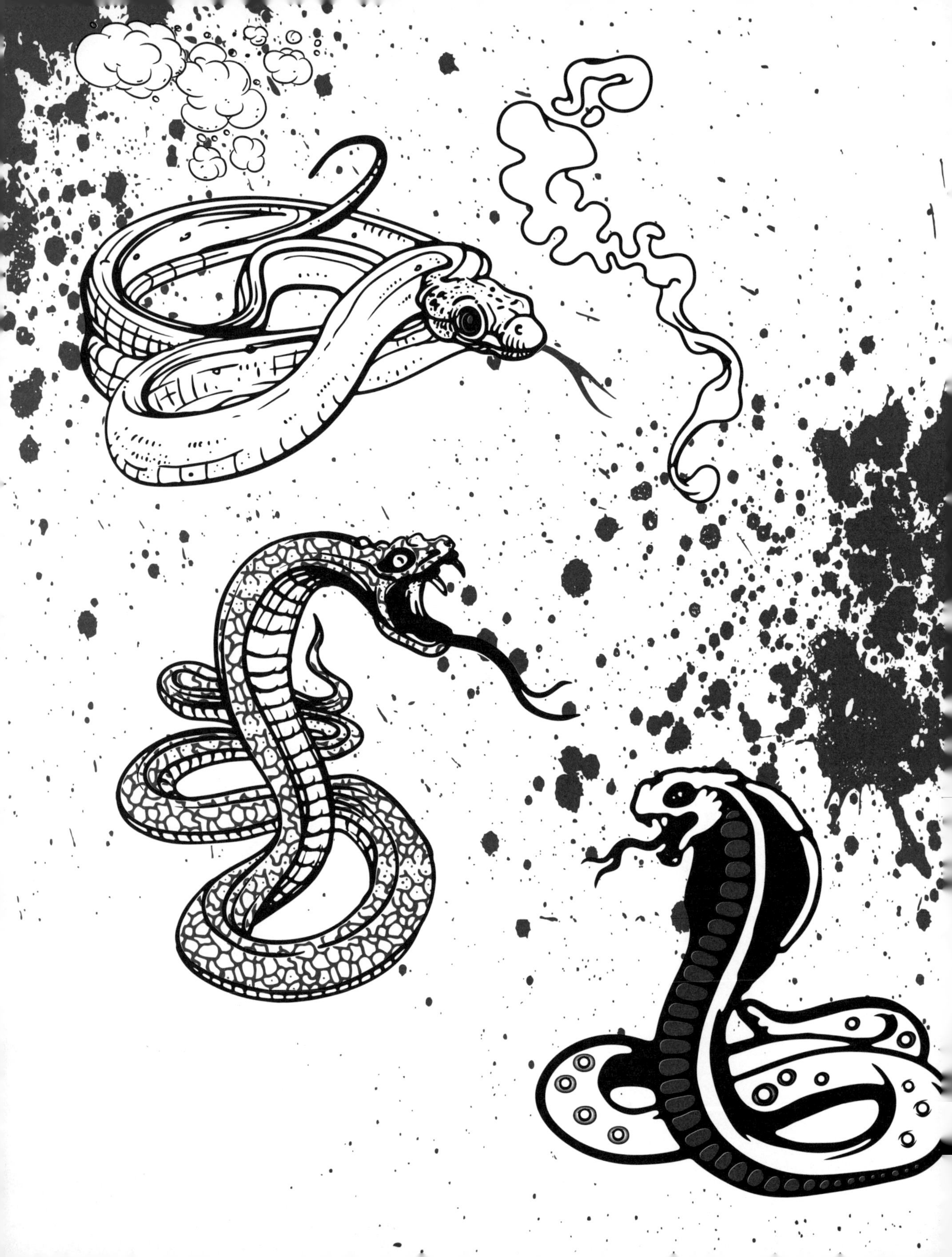

A
8